Le nouveau

recettes de la friteuse

aérienne

Recettes faciles à faire frire, cuire au four, griller et rôtir. Profitez de la croustillance, de la perte de poids et du rétablissement du métabolisme grâce à des recettes saines et abordables.

Ursula Mayert

Table des matières

—

4

Copyright 2020 par Ursula Mayert

Les informations contenues dans les pages suivantes sont généralement considérées comme un compte rendu véridique et précis des faits et, en tant que telles, toute inattention, utilisation ou abus des informations en question par le lecteur rendra toute action en résultant uniquement de son ressort. Il n'existe aucun scénario dans lequel l'éditeur ou l'auteur original de ce travail peut être considéré comme responsable de quelque manière que ce soit des difficultés ou des dommages qui pourraient leur arriver après avoir entrepris les actions décrites dans le présent document.

En outre, les informations contenues dans les pages suivantes sont uniquement destinées à des fins d'information et doivent donc être considérées comme universelles. Comme il convient à leur nature, elles sont présentées sans garantie quant à leur validité prolongée ou leur qualité provisoire. Les marques mentionnées le sont sans consentement écrit et ne peuvent en aucun cas être considérées comme un aval du titulaire de la marque.

Introduction

Une friteuse à air est un appareil de cuisine relativement récent qui s'est avéré très populaire auprès des consommateurs. Bien qu'il existe de nombreuses variétés différentes, la plupart des friteuses à air partagent de nombreuses caractéristiques communes. Elles sont toutes dotées d'éléments chauffants qui font circuler de l'air chaud pour cuire les aliments. La plupart sont dotées de réglages préprogrammés qui aident les utilisateurs à préparer une grande variété d'aliments.

La friture à l'air est un mode de cuisson plus sain car il utilise moins d'huile que les méthodes traditionnelles de friture. Tout en préservant la saveur et la qualité des aliments, elle réduit la quantité de graisse utilisée dans la cuisson. La friture à l'air est une méthode courante pour "frire" des aliments qui sont principalement faits avec des œufs et de la farine. Grâce à cette méthode, ces aliments peuvent être mous ou croquants selon votre préférence.

Comment fonctionnent les friteuses à air

Les friteuses à air utilisent un ventilateur pour faire circuler l'air chaud autour des aliments. L'air chaud chauffe l'humidité des aliments jusqu'à ce qu'elle s'évapore et crée de la vapeur. Lorsque la vapeur s'accumule autour des aliments, elle crée une pression qui tire l'humidité de la surface des aliments et l'éloigne du centre, formant ainsi de petites bulles. Les bulles créent une couche d'air qui entoure les aliments et crée une croûte croustillante.

Choisir une friteuse à air

Lorsque vous choisissez une friteuse à air, recherchez un appareil qui a reçu de bonnes critiques pour la satisfaction du client. Commencez par les caractéristiques dont vous avez besoin, telles que la puissance, la capacité, la taille et les accessoires. Recherchez une friteuse facile à utiliser. Certaines friteuses à air du marché ont une minuterie intégrée et une température réglable. Recherchez une friteuse dotée d'un entonnoir pour récupérer la graisse, d'un panier lavable au lave-vaisselle et de pièces faciles à nettoyer.

Comment utiliser une friteuse à air

Pour de meilleurs résultats, préchauffez la friteuse à l'air à 400 F pendant 10 minutes. Le préchauffage de la friteuse à air permet d'atteindre la bonne température plus rapidement. De plus, le préchauffage de la friteuse est essentiel pour garantir que vos aliments ne brûlent pas.

Comment faire cuire des aliments dans une friteuse

Si vous n'avez pas encore de friteuse à air, vous pouvez commencer à jouer avec vos fours en y jetant des frites surgelées et en les faisant cuire jusqu'à ce qu'elles soient bien dorées. En fonction de votre four, regardez la température. Vous devrez peut-être augmenter ou diminuer le temps de cuisson.

Quels aliments peut-on faire cuire dans une friteuse à air ?

Oeufs : Bien que vous puissiez faire cuire des oeufs dans une friteuse à air, nous ne le recommandons pas car vous ne pouvez pas contrôler le temps et la température de cuisson aussi précisément qu'avec une poêle ou un poêlon traditionnel. Il est beaucoup plus facile d'obtenir des œufs cuits de façon inégale. Vous ne pouvez pas non plus ajouter de sauce ou d'assaisonnement et vous n'obtiendrez pas de bords dorés et croustillants.

Les aliments surgelés : En général, les aliments surgelés sont mieux cuits au four conventionnel car ils doivent atteindre une certaine température pour être bien cuits. La friteuse à air n'est pas capable d'atteindre des températures qui permettent une cuisson complète des aliments.

Aliments déshydratés : Les aliments déshydratés doivent être frits, ce que vous ne pouvez pas faire avec une friteuse à air. Lorsqu'il s'agit de cuire des aliments déshydratés, la friteuse à air n'est pas la meilleure option.

Légumes : Vous pouvez faire cuire des légumes dans une friteuse à air, mais vous devez vous assurer que la friteuse à air n'est pas réglée à une température qui les brûlerait.

Pour éviter que vos légumes ne soient trop cuits, démarrez la friteuse à l'air libre sans le panier, puis ajoutez les légumes une fois que l'air s'est réchauffé et qu'il n'y a plus de points froids. Veillez à remuer les légumes toutes les quelques minutes. Vous pouvez aussi les faire cuire dans le panier, mais ils peuvent se coller un peu.

Des frites : Faire frire des frites dans une friteuse à air est un bon moyen d'obtenir des frites croustillantes et dorées sans ajouter beaucoup d'huile. Par rapport à la friture classique, la friture à l'air libre produit moins de calories.

Pour cuire des frites dans une friteuse à air, utilisez un panier ou une grille et versez suffisamment d'huile pour atteindre la moitié de la hauteur des frites. Pour un résultat optimal, assurez-vous que les frites sont congelées. Tournez la friteuse à 400 degrés et réglez-la pendant 12 minutes. Si vous voulez qu'elles soient plus croustillantes, vous pouvez la régler sur 18 minutes, mais elles risquent de brûler un peu.

Avantages d'une friteuse à air :

- C'est l'une des façons les plus simples de cuisiner des aliments sains. Utilisé 4 à 5 fois par semaine, c'est une option plus saine que la friture à l'huile dans votre four traditionnel ou l'utilisation d'aliments en conserve.

- Les repas à la friteuse sont un moyen facile de servir des aliments savoureux qui ne prennent pas beaucoup de place. Les friteuses permettent de cuire trois fois plus de nourriture que vous ne le pouvez dans votre micro-ondes.

- Les friteuses à air comprimé ont un faible encombrement et vous pouvez les ranger dans une armoire lorsqu'elles ne sont pas utilisées.

-Ils sont des appareils de cuisine polyvalents. Vous pouvez les utiliser pour cuisiner des aliments pour le déjeuner, le dîner et les collations.

- Les friteuses à air comprimé ne nécessitent que peu ou pas d'efforts dans la cuisine. Vous pouvez les utiliser avec le couvercle, ce qui signifie qu'il y a moins de vaisselle à faire.

Quiche au fenouil et aux épinards

Recette de base

Temps de préparation : 15 minutes

Temps de cuisson : 10 minutes

Des portions : 5

Ingrédients :

1   oz. de fenouil, haché

2   1 tasse d'épinards

3   œufs

4   ½ tasse de farine d'amandes

5   1 cuillère à café d'huile d'olive

6   1 cuillère à soupe de beurre

7   1 cuillère à café de sel

8   ¼ tasse de crème épaisse

9   1 cuillère à café de poivre noir moulu

Itinéraire :

- Hacher les épinards et les mélanger avec le fenouil haché dans un grand bol.
- Cassez l'œuf dans un autre bol et fouettez.
- Mélangez les œufs battus avec la farine d'amandes, le beurre, le sel, la crème épaisse et le poivre noir moulu.
- Mélanger au fouet
- Préchauffez la friteuse à air à 360 F.
- Graissez le plateau du panier de la friteuse à air avec l'huile d'olive.
- Ajoutez les deux mélanges.
- Faire cuire la quiche pendant 18 minutes
- Laissez la quiche refroidir.
- Retirez-les de la friteuse à air et coupez-les en portions.

Nutrition :

Calories 209

Gras 16.1

Carburants 7,4

Protéine 8.3

Bébés pommes de terre au citron

Recette de base

Temps de préparation : 10 minutes

Temps de cuisson : 25 minutes

Des portions : 6

Ingrédients :

1 cuillères à soupe d'huile d'olive

2 sources romarin, haché

3 cuillères à soupe de persil haché

4 cuillères à soupe d'origan, haché

5 Sel et poivre noir au goût

6 1 cuillère à soupe de zeste de citron râpé

7 gousses d'ail, hachées

8 cuillères à soupe de jus de citron

9 livres de pommes de terre pour bébés

Itinéraire :

- Dans un bol, mélangez les pommes de terre grelots avec l'huile, le romarin, le persil, l'origan, le sel, le poivre, le zeste de citron, l'ail et le jus de citron, mélangez, transférez les pommes de terre dans le panier de votre friteuse à air et faites cuire à 356 degrés F pendant 25 minutes

- Répartissez les pommes de terre dans les assiettes et servez-les en accompagnement.

- Profitez-en !

Nutrition :

Calories 204

Gras 4

Carburants 17

Protéine 6

Rouleau indien croustillant

Recette de base

Temps de préparation : 20 minutes

Temps de cuisson : 8 minutes

Des portions : 4

Ingrédients :

- Chutney à la coriandre
- 2¾ tasses de pommes de terre en dés, cuites jusqu'à ce qu'elles soient tendres
- des cuillères à café d'huile (de noix de coco, de tournesol ou de carthame)
- grosses gousses d'ail, hachées ou pressées
- 1½ cuillères à soupe de jus de citron vert frais
- 1½ cuillères à café de cumin en poudre
- 1 cuillère à café de granulés d'oignon

- 1 cuillère à café de coriandre en poudre
- ½ cuillère à café de sel de mer
- ½ cuillère à café de curcuma
- ¼ cuillère à café de cayenne en poudre
- grandes tortillas de farine, de préférence à grains entiers ou germées
- 1 tasse de haricots garbanzo cuits (les conserves sont bonnes), rincés et séchés
- ½ tasse de chou finement haché
- ¼ tasse d'oignon rouge ou d'oignon vert haché
- Huile de cuisson en spray (tournesol, carthame ou noix de coco raffinée)

Itinéraire :

1 Préparez le chutney à la coriandre et mettez-le de côté.

2 Dans un grand bol, écrasez bien les pommes de terre à l'aide d'un presse-purée ou d'une grande fourchette. Ajoutez l'huile, l'ail, le citron vert, le cumin, l'oignon, la coriandre, le sel, le curcuma et le poivre de Cayenne. Remuez bien, jusqu'à ce que le tout soit bien mélangé. Réserver.

3 Déposez les tortillas à plat sur le comptoir. Au milieu de chacune, répartissez la garniture de pommes de terre de manière égale. Ajoutez un peu de haricots garbanzo, de chou et d'oignon rouge à chaque tortilla, par-dessus les pommes de terre.

4   Vaporiser le panier de la friteuse à air avec de l'huile et mettre de côté. Enveloppez les tortillas indiennes en pliant le fond des tortillas vers le haut et par-dessus la garniture, puis en pliant les côtés et enfin en enroulant le fond vers le haut pour former, essentiellement, un burrito fermé.

5   Placez les enveloppes dans le panier de la friteuse à air, côté couture vers le bas. Ils peuvent se toucher un peu, mais s'ils sont trop serrés, vous devrez les faire cuire par lots. Faites-les frire pendant 5 minutes. Vaporisez-les à nouveau d'huile, retournez-les et faites-les cuire 2 ou 3 minutes supplémentaires, jusqu'à ce qu'ils soient bien dorés et croustillants. Servez avec le chutney à la coriandre.

Nutrition :

Calories 288

Gras 7g

Carburants 50g

Protéine 9g

Pizza Easy Peasy

Recette de base

Temps de préparation : 5 minutes

Temps de cuisson : 10 minutes

Des portions : 4

Ingrédients :

- Huile de cuisson en spray (noix de coco, tournesol ou carthame)
- 1 tortilla de farine, de préférence germée ou à grains entiers
- ¼ tasse de pizza végétalienne ou de sauce marinara
- ⅓ Cup fromage mozzarella végétalien râpé ou Cheesy Sauce
- Garnitures de votre choix

Itinéraire :

1   Vaporiser d'huile le panier de la friteuse à air. Placez la tortilla dans le panier de la friteuse à air. Si la tortilla est un peu plus grande que la base, pas de problème ! Il suffit de replier un peu les bords pour former un semblant de "croûte".

2   Versez la sauce au centre et répartisscz-la uniformément autour de la "croûte" de la tortilla (j'aime utiliser le dos d'une cuillère à cet effet).

3   Saupoudrez uniformément de fromage végétalien, et ajoutez vos garnitures. Faites cuire au four pendant 9 minutes ou jusqu'à ce qu'elles soient bien dorées. Retirez soigneusement, coupez en quatre morceaux et dégustez.

Nutrition :

Calories 210

Gras 6g

Carburants 33g

Protéines 5g

Aubergine Parmigiana

Recette de base

Temps de préparation : 15 minutes

Temps de cuisson : 40 minutes

Des portions : 4

Ingrédients :

1. 1 aubergine moyenne (environ 1 livre), coupée en rondelles de ½ pouces d'épaisseur
2. cuillères à soupe de tamari ou de shoyu
3. cuillères à soupe de lait non laitier, nature et non sucré
4. 1 tasse de farine de pois chiches (voir le conseil de substitution)
5. 1 cuillère à soupe de basilic séché
6. 1 cuillère à soupe d'origan séché
7. cuillères à café de granulés d'ail
8. cuillères à café de granulés d'oignons
9. ½ cuillère à café de sel de mer
10. ½ cuillères à café de poivre noir fraîchement moulu
11. Huile de cuisson en spray (tournesol, carthame ou noix de coco raffinée)
12. Sauce marinara végétalienne (au choix)
13. Fromage végétalien râpé (de préférence de la mozzarella ; voir le conseil sur les ingrédients)

Itinéraire :

- Placez les tranches d'aubergines dans un grand bol, et versez le tamari et le lait sur le dessus. Retournez les morceaux pour les enrober le plus uniformément possible avec les liquides. Réserver.

- Faites le revêtement : Dans un bol moyen, mélangez la farine, le basilic, l'origan, l'ail, l'oignon, le sel et le poivre et remuez bien. Réserver.

- Vaporiser le panier de la friteuse à air avec de l'huile et mettre de côté.

- Remuez à nouveau les tranches d'aubergines et transférez-les dans une assiette (l'empilage est parfait). Ne jetez pas le liquide dans le bol.

- Panez l'aubergine en la faisant tourner dans le mélange de farine. Puis, plongez à nouveau dans le liquide. Doublez l'enrobage en replaçant l'aubergine dans le mélange de farine, en vous assurant que tous les côtés sont bien panés. Placez dans le panier de la friteuse à air.

- Répétez l'opération avec suffisamment de rondelles d'aubergines pour faire une (la plupart du temps) seule couche dans le panier de la friteuse à air. (Vous devrez la faire cuire par lots, de manière à ne pas avoir trop de chevauchement et à ce qu'elle cuit parfaitement).

- Vaporisez suffisamment d'huile sur le dessus des aubergines pour ne plus voir de taches sèches dans l'enrobage. Faites frire pendant 8 minutes. Retirez le panier de la friteuse à air et vaporisez à nouveau les fanes. Retournez chaque morceau, en veillant encore une fois à ne pas trop faire chevaucher les rondelles. Vaporisez les dessus avec de l'huile, en veillant encore une fois à ce qu'il ne reste pas de taches sèches. Faites frire pendant 8 minutes supplémentaires, ou jusqu'à ce que les morceaux soient bien dorés et croustillants.
- Répétez les étapes 5 à 7 une fois de plus, ou jusqu'à ce que toutes les aubergines soient croustillantes et dorées.
- Enfin, placez la moitié de l'aubergine dans un plat rond de 6 pouces de diamètre et de 2 pouces de profondeur et garnissez de sauce marinara et d'un peu de fromage végétalien. Faites frire pendant 3 minutes, ou jusqu'à ce que la sauce soit chaude et le fromage fondu (attention à ne pas trop cuire, sinon les bords de l'aubergine brûleront). Servez immédiatement, nature ou sur des pâtes. Sinon, vous pouvez conserver l'aubergine au réfrigératcur pendant plusieurs jours, puis en faire une nouvelle fournée dès que l'envie vous prend en répétant cette étape !

Nutrition :

Calories 217

Gras 9g

Carburants 38g

Protéine 9g

Lasagnes paresseuses et succulentes

Recette de base

Temps de préparation : 15 minutes

Temps de cuisson : 15 minutes

Des portions : 4

Ingrédients :

1. onces de nouilles à lasagne, de préférence à base de haricots, mais n'importe quelle sorte fera l'affaire
2. 1 cuillère à soupe d'huile d'olive extra vierge
3. tasses de tofu extra-ferme émietté, Sécher et essorer
4. tasses d'épinards frais en vrac
5. cuillères à soupe de levure nutritionnelle
6. cuillères à soupe de jus de citron frais
7. 1 cuillère à café de granulés d'oignon
8. 1 cuillère à café de sel de mer
9. ⅛ Cuillère à café de poivre noir fraîchement moulu
10. grosses gousses d'ail, hachées ou pressées
11. tasses de sauce pour pâtes végétalienne, au choix
12. ½ tasse de fromage végétalien râpé (de préférence de la mozzarella)

Itinéraire :

- Faites cuire les nouilles jusqu'à ce qu'elles soient un peu plus fermes qu'al dente (elles seront un peu plus molles après les avoir fait frire à l'air libre dans les lasagnes). Sécher et réserver.

- Pendant que les nouilles cuisent, préparez la garniture. Dans une grande poêle à feu moyen-élevé, ajoutez l'huile d'olive, le tofu et les épinards. Faites sauter pendant une minute, puis ajoutez la levure nutritionnelle, le jus de citron, l'oignon, le sel, le poivre et l'ail. Remuez bien et faites cuire jusqu'à ce que les épinards soient bien fanés. Retirer du feu.

- Pour faire la moitié d'une fournée (un moule rond de 6 pouces de diamètre et de 2 pouces de profondeur) de lasagnes : Étendre une fine couche de sauce pour pâtes dans le plat de cuisson. Étalez 2 ou 3 lasagnes sur la sauce. Ajoutez un peu plus de sauce et un peu de tofu. Placez 2 ou 3 autres nouilles sur le dessus, et ajoutez une autre couche de sauce, puis une autre couche de tofu. Terminez avec une couche de nouilles, puis une dernière couche de sauce. Saupoudrez environ la moitié du fromage végétalien sur le dessus (omettez si vous préférez ; voir le conseil sur les ingrédients de l'aubergine Parmigiana). Placez la casserole dans la friteuse à air et faites-la cuire pendant 15 minutes, ou jusqu'à ce que les nouilles soient dorées sur les bords et que le fromage soit fondu. Coupez et servez.

Nutrition :

Calories 317

Gras 8g

Carburants 46g

Protéines 20g

Pâtes à la sauce crémeuse au chou-fleur

Recette de base

Temps de préparation : 10 minutes

Temps de cuisson : 20 minutes

Des portions : 4

Ingrédients :

    1   tasses de fleurons de chou-fleur

2 Huile de cuisson en spray (tournesol,

3 Carthame, ou noix de coco raffinée)

4 1 oignon moyen, haché

5 onces de pâtes, au choix (environ 4 tasses cuites ;
   utilisez des pâtes sans gluten si vous le souhaitez)

6 Ciboulette ou oignons verts frais, pour la garniture

7 ½ tasse de morceaux de noix de cajou crues (voir le
   conseil sur les ingrédients)

8 1½ tasses d'eau

9 1 cuillère à soupe de levure nutritionnelle

10 grosses gousses d'ail, pelées

11 cuillères à soupe de jus de citron frais

12 1½ cuillères à café de sel de mer

13 ¼ cuillères à café de poivre noir fraîchement moulu

Itinéraire :

- Placez le chou-fleur dans le panier de la friteuse,
  vaporisez les fanes d'huile et faites-le rôtir pendant 8
  minutes. Retirez le panier de la friteuse, remuez et
  ajoutez l'oignon. Arrosez à nouveau avec de l'huile et
  faites rôtir pendant 10 minutes supplémentaires, ou
  jusqu'à ce que le chou-fleur soit doré et que les oignons
  soient tendres.

- Pendant que les légumes rôtissent dans la friteuse à air,
  faites cuire les pâtes selon les instructions de
  l'emballage et hachez la ciboulette ou les oignons verts.
  Réserver.

- Dans le récipient du mixeur, placez le chou-fleur et les oignons rôtis avec les noix de cajou, l'eau, la levure nutritionnelle, l'ail, le citron, le sel et le poivre. Mélangez bien, jusqu'à ce que le mélange soit très lisse et crémeux. Servez une généreuse portion de la sauce sur les pâtes chaudes, et garnissez-les de ciboulette ou d'oignons verts hachés. La sauce se conserve environ une semaine au réfrigérateur, dans un récipient hermétique.

Nutrition :

Calories 341

Gras 9g

Carburants 51g

Protéines 14g

Lentilles au citron avec oignons "frits

Recette de base

Temps de préparation : 10 minutes

Temps de cuisson : 30 minutes

Des portions : 4

Ingrédients :

1   1 tasse de lentilles rouges

2   tasses d'eau

3   Huile de cuisson en spray (noix de coco, tournesol ou carthame)

4   1 oignon de taille moyenne, pelé et coupé en rondelles de ¼ pouces d'épaisseur

5   Sel de mer

6   ½ tasse de chou frisé, tiges enlevées, finement tranchées

7   grosses gousses d'ail, pressées ou hachées

8   cuillères à soupe de jus de citron frais

9   cuillères à café de levure nutritionnelle

10 1 cuillère à café de sel de mer

11 1 cuillère à café de zeste de citron (voir le conseil sur les ingrédients)

12 ¾ cuillères à café de poivre noir fraîchement moulu

Itinéraire :

* Dans une casserole de taille moyenne, porter à ébullition les lentilles et l'eau à feu moyen-élevé.

- Réduire le feu à doux et laisser mijoter à découvert pendant environ 30 minutes (ou jusqu'à ce que les lentilles soient complètement dissoutes), en veillant à remuer toutes les 5 minutes environ pendant la cuisson (pour que les lentilles ne collent pas au fond de la casserole).
- Pendant que les lentilles cuisent, préparez le reste de votre plat.
- Vaporisez le panier de la friteuse à air avec de l'huile et placez les rondelles d'oignon à l'intérieur, en les séparant autant que possible. Vaporisez-les avec l'huile et saupoudrez-les d'un peu de sel. Faites-les frire pendant 5 minutes.
- Retirez le panier de la friteuse à air, secouez ou remuez, vaporisez à nouveau de l'huile et faites frire pendant 5 minutes supplémentaires.
- (Remarque : vous visez à ce que toutes les tranches d'oignon soient croustillantes et bien dorées, donc si certains des morceaux commencent à le faire, transférez-les du panier de la friteuse à air dans une assiette).
- Retirez le panier de la friteuse à air, arrosez à nouveau les oignons avec de l'huile et faites-les frire pendant 5 minutes ou jusqu'à ce que tous les morceaux soient croustillants et dorés.

- Pour finir les lentilles : Ajoutez le chou frisé aux lentilles chaudes, et remuez bien, car la chaleur des lentilles fera cuire à la vapeur les légumes verts finement coupés.
- Ajoutez l'ail, le jus de citron, la levure nutritionnelle, le sel, le zeste et le poivre.
- Remuer très bien et répartir ensuite uniformément dans des bols. Garnir avec les rondelles d'oignon croustillantes et servir.

Nutrition :

Calories 220

Gras 1g

Carburants 39g

Protéines 15g

Notre haricot quotidien

Recette de base

Temps de préparation : 5 minutes

Temps de cuisson : 10 minutes

Des portions : 4

Ingrédients :

1. 1 boîte (15 onces) de haricots pinto, Séchage
2. ¼ tasse de sauce tomate
3. cuillères à soupe de levure nutritionnelle
4. grosses gousses d'ail, pressées ou hachées
5. ½ cuillère à café d'origan séché
6. ½ cuillère à café de cumin
7. ¼ cuillère à café de sel de mer
8. ⅛ Cuillère à café de poivre noir fraîchement moulu
9. Huile de cuisson en spray (tournesol, carthame ou noix de coco raffinée)

Itinéraire :

- Dans un bol moyen, mélangez les haricots, la sauce tomate, la levure nutritionnelle, l'ail, l'origan, le cumin, le sel et le poivre jusqu'à ce que le tout soit bien mélangé.

- Vaporisez d'huile le moule rond de 6 pouces de diamètre et de 2 pouces de profondeur et versez-y le mélange de haricots. Faites-le cuire pendant 4 minutes. Retirez, remuez bien et faites-le cuire pendant encore 4 minutes, ou jusqu'à ce que le mélange ait épaissi et soit bien chaud. Il se formera probablement une petite croûte sur le dessus et sera légèrement bruni par endroits. Servez chaud. Il se conservera au réfrigérateur, dans un récipient hermétique, pendant une semaine au maximum.

Nutrition :

Calories 284

Gras 4g

Carburants 47g

Protéines 20g

Salade de tacos à la sauce crémeuse au citron vert

Recette de base

Temps de préparation : 10 minutes

Temps de cuisson : 10 minutes

Des portions : 4

Ingrédients :

Pour la sauce

1. 1 paquet (12,3 onces) de tofu ferme et soyeux
2. ¼ tasse plus 1 cuillère à soupe de jus de citron vert frais
3. Zeste d'un gros citron vert (1 cuillère à café)
4. 1½ cuillères à soupe de sucre de noix de coco
5. grosses gousses d'ail, pelées

6   1 cuillère à café de sel de mer

7   ½ cuillère à café de poudre de chipotle moulu

Pour la salade

- tasses de laitue romaine, hachée (1 grosse tête)
- 1 boîte (15 onces) de haricots frits végétaliens (ou haricots pinto ou noirs entiers si vous préférez)
- 1 tasse de chou rouge haché
- tomates moyennes, hachées
- ½ tasse de coriandre hachée
- ¼ coupe d'oignons verts hachés
- Double lot de chips tortilla ail-limite

Itinéraire :

1   Pour faire la sauce

2   Séchez le tofu (enlevez tout liquide) et mettez-le dans un mélangeur.

3   Ajoutez le jus et le zeste de citron vert, le sucre de coco, l'ail, le sel et la poudre de chipotle. Mélangez jusqu'à ce que le mélange soit très lisse. Réserver.

4   Pour faire la salade

5   Répartissez la laitue de manière égale dans trois grands bols.

6   Dans une petite casserole à feu moyen, faites chauffer les haricots, en remuant souvent, jusqu'à ce qu'ils soient chauds (cela devrait prendre moins d'une minute). Posez-les sur la salade.

7   Garnissez les haricots avec le chou, les tomates, la coriandre et les oignons verts.

8   Arrosez généreusement avec la sauce crémeuse au citron vert et servez avec la double fournée de frites à l'air. Dégustez immédiatement.

Nutrition :

Calories 422

Gras 7g

Carburants 71g

Protéines 22g

Nachos aux fruits du jacquier

Recette de base

Temps de préparation : 30 minutes

Temps de cuisson : 20 minutes

Des portions : 4

Ingrédients :

- 1 (20 onces) boîte de fruits de jacquier, sèche
- ⅓cup sauce bbq végétalienne préparée
- ¼ tasse d'eau
- cuillères à soupe de tamari ou de shoyu
- 1 cuillère à soupe de jus de citron frais
- grosses gousses d'ail, pressées ou hachées
- 1 cuillère à café de granulés d'oignon
- ⅛ Cuillère à café de cayenne en poudre
- ⅛ Cuillère à café de fumée liquide
- Chips de tortilla à l'ail et au citron vert en double lot
- 2½ tasses de sauce au fromage préparée
- tomates de taille moyenne, hachées
- ¾ tasse de guacamole de votre choix
- ¾ tasse de coriandre hachée
- ½ tasse d'oignon rouge haché
- 1 jalapeño, épépiné et tranché finement (facultatif)

Itinéraire :

1   Dans une grande poêle à feu vif, placez le jacquier, la sauce barbecue, l'eau, le tamari, le jus de citron, l'ail, les granulés d'oignon, le cayenne et la fumée liquide. Remuez bien et cassez un peu le jacquier avec une spatule.

2   Une fois le mélange bouillant, réduire le feu à faible intensité. Continuez à cuire, en remuant souvent (et en brisant le jacquier en remuant), pendant environ 20 minutes, ou jusqu'à ce que tout le liquide ait été absorbé. Retirer du feu et réserver.

3   Assemblez les nachos : Répartissez les chips sur trois assiettes, puis recouvrez-les uniformément avec le mélange de fruits du jacquier, la sauce au fromage chauffée, les tomates, le guacamole, la coriandre, l'oignon et le jalapeño (si vous en utilisez). Dégustez immédiatement, car les chips détrempées sont tragiques.

Nutrition :

Calories 661

Gras 15g

Carburants 124g

Protéines 22g

Chimichanga en 10 minutes

Recette de base

Temps de préparation : 5 minutes

Temps de cuisson : 10 minutes

Des portions : 4

Ingrédients :

- 1 tortilla à grains entiers
- ½ tasse de haricots frits végétaliens
- ¼ tasse de fromage végétalien râpé (facultatif)
- Huile de cuisson en spray (tournesol, carthame ou noix de coco raffinée)
- ½ tasse de salsa fraîche (ou de sauce au chili vert)
- tasses de laitue romaine hachée (environ ½ tête)
- Guacamole (facultatif)
- Coriandre hachée (facultatif)
- Sauce au fromage (facultatif)

Itinéraire :

1 Posez la tortilla sur une surface plane et placez les haricots au centre. Recouvrir avec le fromage, si nécessaire. Enroulez le fond de la tortilla sur la garniture, puis repliez les côtés. Puis enroulez le tout de manière à enfermer les haricots dans la tortilla (vous faites ici un burrito fermé).

2   Vaporisez le panier de la friteuse à air avec de l'huile, placez la tortilla dans le panier, côté couture vers le bas, et vaporisez le dessus du chimichanga avec de l'huile. Faites frire pendant 5 minutes. Vaporisez à nouveau le dessus (et les côtés) avec de l'huile, retournez le panier et vaporisez l'autre côté avec de l'huile. Faites frire pendant 2 ou 3 minutes supplémentaires, jusqu'à ce que le tout soit bien doré et croustillant.

3   Transfert sur une plaque. Garnir avec la salsa, la laitue, le guacamole, la coriandre et/ou la sauce au fromage, si nécessaire. Servir immédiatement.

Nutrition :

Calories 317

Gras 6g

Carburants 55g

Protéines 13g

Pommes de terre farcies à la mexicaine

Recette intermédiaire

Temps de préparation : 15 minutes

Temps de cuisson : 40 minutes

Des portions : 4

Ingrédients :

- grosses pommes de terre, toutes variétés (j'aime le Yukon Gold ou les russes pour ce plat ; voir le conseil de cuisine)
- Huile de cuisson en spray (tournesol, carthame ou noix de coco raffinée)
- 1½ tasses Sauce au fromage
- 1 tasse de haricots noirs ou pinto (les haricots en conserve sont très bien ; assurez-vous de les sécher et de les rincer)
- tomates moyennes, hachées
- 1 oignon vert, finement haché
- ⅓Cup coriandre finement hachée
- 1 jalapeño, coupé en fines tranches ou haché (facultatif)
- 1 avocat, coupé en dés (facultatif)

Itinéraire :

1   Frottez les pommes de terre, piquez-les avec une fourchette et vaporisez-les à l'extérieur avec de l'huile. Placez-les dans la friteuse à air (en laissant de la place entre les deux pour que l'air puisse circuler) et faites-les cuire pendant 30 minutes

2   Pendant que les pommes de terre cuisent, préparez la sauce au fromage et d'autres articles. Réservez.

3   Vérifiez les pommes de terre à l'échéance des 30 minutes en y enfonçant une fourchette. Si elles sont très tendres, elles sont cuites. Sinon, continuez à les faire cuire jusqu'à ce qu'une fourchette insérée prouve qu'elles sont bien cuites. (Comme la taille des pommes de terre varie, le temps de cuisson varie également, le temps de cuisson moyen étant généralement d'environ 40 minutes)

4   Lorsque les pommes de terre sont sur le point de devenir tendres, faites chauffer la sauce au fromage et les haricots dans des casseroles séparées.

5   Pour se réunir : Asseyez les pommes de terre et coupez-les en travers du dessus. Ensuite, ouvrez-les à l'aide d'une fourchette, juste assez pour y mettre toutes les friandises. Garnissez chaque pomme de terre avec la sauce au fromage, les haricots, les tomates, les oignons verts, la coriandre, le jalapeño et l'avocat, si vous en utilisez. Dégustez immédiatement.

Nutrition :

Calories 420

Gras 5g

Carburants 80g

Fibre 17g

Protéines 15g

Taquitos pour enfants

Recette de base

Temps de préparation : 5 minutes

Temps de cuisson : 10 minutes

Des portions : 4

Ingrédients :

- tortillas de maïs
- Huile de cuisson en spray (noix de coco, tournesol ou carthame)
- 1 (15 onces) boîte de haricots frits végétaliens
- 1 tasse de fromage végétalien râpé
- Guacamole (facultatif)
- Sauce au fromage (facultatif)
- Crème aigre végétalienne (facultatif)
- Salsa fraîche (facultatif)

Itinéraire :

1 Réchauffez les tortillas (pour qu'elles ne se cassent pas) : Faites-les passer sous l'eau pendant une seconde, puis placez-les dans un panier de friteuse à air pulsé (empiler les tortillas, c'est bien). Faites-les frire pendant une minute.

2 Déposez-les sur une surface plane, en les étalant individuellement. Placez une quantité égale de haricots sur une ligne au centre de chaque tortilla. Garnissez avec le fromage végétalien.

3 Roulez les tortillas vers le haut sur la garniture et placez-les, côté couture vers le bas, dans le panier de la friteuse à air (cela les aidera à se sceller pour que les tortillas ne s'ouvrent pas). Ajoutez juste assez pour remplir le panier sans qu'elles ne se touchent trop (vous devrez peut-être faire une autre fournée, selon la taille de votre panier de friteuse).

4 Vaporisez les sommets avec de l'huile. Faites frire pendant 7 minutes, ou jusqu'à ce que les tortillas soient dorées et légèrement croustillantes. Servez immédiatement avec vos garnitures préférées.

Nutrition :

Calories 286

Gras 9g

Carburants 44g

Protéine 9g

Sandwich au fromage grillé favorisant l'immunité

Recette de base

Temps de préparation : 5 minutes

Temps de cuisson : 15 minutes

Des portions : 4

Ingrédients :

- tranches de pain complet germé (ou remplacer par un pain sans gluten)
- 1 cuillère à café de margarine végétalienne ou d'huile à saveur neutre (tournesol, carthame ou noix de coco raffinée)
- des tranches de fromage végétalien (cheddar Violife ou Chao crémeux original) ou Cheesy Sauce
- 1 cuillère à café de miso blanc moelleux
- 1 gousse d'ail de taille moyenne, pressée ou finement hachée
- cuillères à soupe de légumes fermentés, de kimchi ou de choucroute
- La laitue romaine ou à feuilles vertes

Itinéraire :

1   Tartinez l'extérieur du pain avec la margarine végétalienne. Placez les tranches de fromage à l'intérieur et refermez le sandwich (côtés beurrés vers l'extérieur). Placez le sandwich dans le panier de la friteuse à air et faites-le frire pendant 6 minutes. Retournez le sandwich et faites-le frire pendant 6 minutes supplémentaires, ou jusqu'à ce qu'il soit bien doré et croustillant à l'extérieur.

2   Transfert sur une plaque. Ouvrir le sandwich et répartir uniformément le miso et la gousse d'ail sur l'intérieur d'une des tranches de pain. Recouvrez avec les légumes fermentés et la laitue, refermez le sandwich, coupez-le en deux et servez immédiatement.

Nutrition :

Calories 288

Gras 13g

Carburants 34g

Protéines 8g

Tarte au tamale avec croûte de maïs à la coriandre et au citron vert

Recette de base

Temps de préparation : 25 minutes

Temps de cuisson : 20 minutes

Des portions : 4

Ingrédients :

Pour le remplissage

- 1 courgette moyenne, coupée en dés (1¼ cups)
- cuillères à café d'huile à saveur neutre (tournesol, carthame ou noix de coco raffinée)
- 1 tasse de haricots pinto cuits, Secs
- 1 tasse de tomates en dés en conserve (non salées) avec leur jus
- grosses gousses d'ail, hachées ou pressées
- 1 cuillère à soupe de farine de pois chiches
- 1 cuillère à café d'origan séché
- 1 cuillère à café de granulés d'oignon
- ½ cuillère à café de sel
- ½ cuillère à café de flocons de piment rouge écrasés
- Huile de cuisson en spray (tournesol, carthame ou noix de coco raffinée)

Pour la croûte

- ½ tasse de farine de maïs jaune, finement moulue

- 1½ tasses d'eau
- ½ cuillère à café de sel
- 1 cuillère à café de levure nutritionnelle
- 1 cuillère à café d'huile à saveur neutre (tournesol, carthame ou noix de coco raffinée)
- cuillères à soupe de coriandre finement hachée
- ½ cuillère à café de zeste de citron vert

Itinéraire :

1. Pour faire le remplissage
2. Dans une grande poêle réglée à feu moyen-élevé, faites sauter les courgettes et l'huile pendant 3 minutes ou jusqu'à ce que les courgettes commencent à brunir.
3. Ajoutez les haricots, les tomates, l'ail, la farine, l'origan, l'oignon, le sel et les flocons de piment au mélange. Faites cuire à feu moyen, en remuant souvent, pendant 5 minutes ou jusqu'à ce que le mélange épaississe et qu'il ne reste plus de liquide. Retirer du feu.
4. Vaporisez d'huile un moule rond de 6 pouces de diamètre et de 2 pouces de profondeur et déposez le mélange au fond. Lisser le dessus et réserver.
5. Pour faire la croûte

6   Dans une casserole moyenne à feu vif, placez la semoule de maïs, l'eau et le sel. Fouettez constamment pendant que vous portez le mélange à ébullition. Une fois l'ébullition atteinte, réduisez le feu à très faible intensité. Ajoutez la levure nutritionnelle et l'huile et continuez à cuire, en remuant très souvent, pendant 10 minutes ou jusqu'à ce que le mélange soit très épais et difficile à fouetter. Retirer du feu.

7   Mélangez la coriandre et le zeste de citron vert dans le mélange de farine de maïs jusqu'à ce qu'ils soient bien mélangés. À l'aide d'une spatule en caoutchouc, étalez délicatement et uniformément sur la garniture dans le moule pour former un nappage de croûte lisse. Placez dans le panier de la friteuse à air et faites cuire pendant 20 minutes, ou jusqu'à ce que le dessus soit doré. Laissez refroidir pendant 5 à 10 minutes, puis coupez et servez.

Nutrition :

Calories 165

Gras 5g

Carburants 26g

Protéines 6g

Aubergine aux herbes

Recette de base

Temps de préparation : 15 minutes

Temps de cuisson : 15 minutes

Portions : 2

Ingrédients

- ½ cuillère à café de marjolaine séchée, écrasée
- ½ cuillère à café d'origan séché, broyé
- ½ cuillère à café de thym séché, écrasé
- ½ cuillère à café de poudre d'ail
- Sel et poivre noir moulu, selon les besoins
- 1 grosse aubergine, coupée en cubes

- Spray de cuisson à l'huile d'olive

Itinéraire :

1 Réglez la température de la friteuse à 390 degrés F. Graissez un panier de friteuse.

2 Dans un petit bol, mélangez bien les herbes, la poudre d'ail, le sel et le poivre noir.

3 Vaporisez les cubes d'aubergines de manière uniforme avec un spray de cuisson et frottez-les ensuite avec le mélange d'herbes.

4 Disposez les cubes d'aubergines en une seule couche dans le panier de la friteuse à air chaud.

5 Friture à l'air libre pendant environ 6 minutes

6 Retournez et vaporisez les cubes d'aubergines avec de l'aérosol de cuisson.

7 Faire frire à l'air libre pendant encore 6 minutes

8 Retournez et vaporisez à nouveau les cubes d'aubergines avec de l'aérosol de cuisson.

9 Faire frire à l'air libre pendant 2 à 3 minutes de plus

10 Sortir de la friteuse à air et transférer les cubes d'aubergines sur les assiettes de service.

11 Servir chaud.

Nutrition :

Calories 62

Carbones 14,5g

Protéine 2,4g

Graisse 0,5g

Aubergines farcies aux épices

Recette de base

Temps de préparation : 15 minutes

Temps de cuisson : 12 minutes

Des portions : 4

Ingrédients

- cuillères à café d'huile d'olive, divisées
- ¾ cuillère à soupe de mangue sèche en poudre
- ¾ cuillère à soupe de coriandre moulue
- ½ cuillère à café de cumin moulu
- ½ cuillère à café de curcuma moulu
- ½ cuillère à café de poudre d'ail
- Sel, au goût
- aubergines pour bébés

Itinéraire :

1 Dans un petit bol, mélanger une cuillère à café d'huile et les épices.

2 Du bas de chaque aubergine, faites 2 fentes, en laissant les tiges intactes.

3 Avec une petite cuillère, remplissez chaque tranche d'aubergines avec le mélange d'épices.

4 Maintenant, badigeonnez le côté extérieur de chaque aubergine avec le reste de l'huile.

5 Réglez la température de la friteuse à 369 degrés F. Graissez un panier de friteuse.

---

6   Disposez les aubergines en une seule couche dans le
    panier de la friteuse à air chaud.

7   Friture à l'air libre pendant environ 8 à 12 minutes

8   Sortir de la friteuse à air et transférer les aubergines sur
    des assiettes de service.

9   Servir chaud.

Nutrition :

Calories 317

Carburants 65g

Protéine 10,9g

Graisse 6,7g

Aubergines farcies à la salsa

Recette de base

Temps de préparation : 15 minutes

Temps de cuisson : 25 minutes

Portions : 2

Ingrédients

- 1 grosse aubergine
- cuillères à café d'huile d'olive, divisées
- cuillères à café de jus de citron frais, divisées
- 8 tomates cerises, coupées en quartiers
- 3 cuillères à soupe de salsa de tomates
- ½ cuillère à soupe de persil frais
- Sel et poivre noir moulu, selon les besoins

Itinéraire :

1 Réglez la température de la friteuse à 390 degrés F. Graissez un panier de friteuse.

2 Placez l'aubergine dans le panier de la friteuse à air préparé.

3 Friture à l'air libre pendant environ 15 minutes

4 Sortir de la friteuse à air et couper l'aubergine en deux dans le sens de la longueur.

5 Arroser les moitiés d'aubergines de façon homogène avec une cuillère à café d'huile.

6 Maintenant, réglez la température de la friteuse à 355 degrés F. Graissez le panier de la friteuse.

---

7   Placez les aubergines dans le panier de la friteuse à air chaud, le côté coupé vers le haut.

8   Faire frire à l'air libre pendant 10 minutes supplémentaires

9   Retirer l'aubergine de la friteuse à air et la mettre de côté pendant environ 5 minutes

10 Retirez soigneusement la chair en laissant environ ¼ pouces de distance entre les bords.

11 Arroser les moitiés d'aubergines avec une cuillère à café de jus de citron.

12 Transférez la chair de l'aubergine dans un bol.

13 Ajouter les tomates, la salsa, le persil, le sel, le poivre noir, le reste de l'huile et le jus de citron et bien mélanger.

14 Farcir les aubergines avec le mélange de salsa et servir.

Nutrition :

Calories 192

Carbones 33,8g

Protéine 6,9g

Lipides 6,1g

Graines de sésame Bok Choy

Recette de base

Temps de préparation : 10 minutes

Temps de cuisson : 6 minutes

Des portions : 4

Ingrédients

- les grappes de pak-choï, lc fond enlevé et les feuilles séparées
- Spray de cuisson à l'huile d'olive
- 1 cuillère à café de poudre d'ail
- 1 cuillère à café de graines de sésame

Itinéraire :

1   Réglez la température de la friteuse à 325 degrés F.

2   Disposez les feuilles de bok choy en une seule couche dans le panier de la friteuse à air.

3   Vaporisez avec l'aérosol de cuisson et saupoudrez avec de la poudre d'ail.

4   Faire frire à l'air libre pendant environ 5-6 minutes, en secouant toutes les 2 minutes

5   Sortir de la friteuse à air et transférer le bok choy sur les assiettes de service.

6   Garnir de graines de sésame et servir chaud.

Nutrition :

Calories 26

Carburants 4g

Protéine 2,5g

Graisse 0,7g

Tomates au basilic

Recette de base

Temps de préparation : 10 minutes

Temps de cuisson : 10 minutes

Portions : 2

Ingrédients :

- tomates, coupées en deux
- Spray de cuisson à l'huile d'olive
- Sel et poivre noir moulu, selon les besoins
- 1 cuillère à soupe de basilic frais, haché

Itinéraire :

1 Réglez la température de la friteuse à 320 degrés F. Graissez un panier de friteuse.

2 Vaporisez les moitiés de tomate de façon homogène avec de l'aérosol de cuisson et saupoudrez de sel, de poivre noir et de basilic.

3 Disposez les moitiés de tomate dans le panier de la friteuse à air chaud préparée, les côtés coupés vers le haut.

4 Faites-le frire à l'air libre pendant environ 10 minutes ou jusqu'au degré de cuisson désiré.

5 Sortir de la friteuse à l'air libre et transférer les tomates sur les assiettes de service.

6 Servir chaud.

Nutrition :

Calories 22

Carburants 4,8g

Protéine 1,1g

Lipides 4,8g

Tomates surchargées

Recette de base

Temps de préparation : 15 minutes

Temps de cuisson : 22 minutes

Des portions : 4

Ingrédients :

- tomates
- 1 cuillère à café d'huile d'olive
- 1 carotte, pelée et finement hachée
- 1 oignon, haché
- 1 tasse de petits pois surgelés, décongelés
- 1 gousse d'ail hachée
- tasses de riz cuit à froid

- 1 cuillère à soupe de sauce soja

Itinéraire :

1 Coupez le haut de chaque tomate et enlevez la pulpe et les graines. Dans une poêle, faites chauffer l'huile à feu doux et faites sauter la carotte, l'oignon, l'ail et les petits pois pendant environ 2 minutes

2 Incorporer la sauce soja et le riz et retirer du feu. Réglez la température de la friteuse à 355 degrés F. Graissez un panier de friteuse.

3 Farcir chaque tomate avec le mélange de riz.

4 Disposez les tomates dans le panier de la friteuse à air.

5 Friture à l'air libre pendant environ 20 minutes

6 Sortir de la friteuse à l'air libre et transférer les tomates sur un plat de service.

7 Réserver pour refroidir légèrement.

8 Servir chaud.

Nutrition :

Calories 421

Carbones 89,1g

Protéine 10,5g

Gras 2,2g

Chou-fleur sucré et épicé

Recette de base

Temps de préparation : 15 minutes

Temps de cuisson : 30 minutes

Des portions : 4

Ingrédients

- 1 chou-fleur de tête, coupé en bouquets
- ¾ tasse d'oignon, finement tranché
- gousses d'ail, finement tranchées
- 1½ cuillères à soupe de sauce soja
- 1 cuillère à soupe de sauce piquante
- 1 cuillère à soupe de vinaigre de riz
- 1 cuillère à café de sucre de noix de coco
- Pincée de flocons de piment rouge
- Poivre noir moulu, selon les besoins
- oignons verts, hachés

Itinéraire :

1 Réglez la température de la friteuse à 350 degrés F. Graissez une poêle à frire à air. Disposez les fleurons de chou-fleur en une seule couche dans la friteuse à air préparée.

2 Friture à l'air libre pendant environ 10 minutes

3 Sortir de la friteuse à l'air libre et incorporer les oignons en remuant.

4   Faire frire à l'air libre pendant 10 minutes supplémentaires

5   Retirer de la friteuse et ajouter l'ail en remuant.

6   Faire frire à l'air libre pendant 5 minutes de plus

7   Pendant ce temps, dans un bol, mélangez bien la sauce soja, la sauce piquante, le vinaigre, le sucre de coco, les flocons de piment rouge et le poivre noir.

8   Retirer de la friteuse à l'air libre et incorporer le mélange de sauce en remuant.

9   Friture à l'air libre pendant environ 5 minutes

10 Sortir de la friteuse à air et transférer le mélange de choux-fleurs sur les assiettes de service. Garnir d'oignons verts et servir.

Nutrition :

Calories 72

Carburants 13,8g

Protéine 3,6g

Graisse 0,2g

Pommes de terre aux herbes

Recette de base

Temps de préparation : 10 minutes

Temps de cuisson : 16 minutes

Des portions : 4

Ingrédients

1   petites pommes de terre, hachées

2   cuillères à soupe d'huile d'olive

3   cuillères à café d'herbes séchées mélangées

4   Sel et poivre noir moulu, selon les besoins

5   cuillères à soupe de persil frais, haché

Itinéraire :

- Réglez la température de la friteuse à 356 degrés F. Graissez un panier de friteuse.

- Dans un grand bol, ajoutez les pommes de terre, l'huile, les herbes, le sel et le poivre noir et remuez pour bien enrober. Disposez les pommes de terre hachées en une seule couche dans le panier de la friteuse à air préparé.

- Faites-le frire à l'air libre pendant environ 16 minutes, en le remuant une fois à mi-parcours.

- Sortir de la friteuse à l'air libre et transférer les pommes de terre sur des assiettes de service. Garnir de persil et servir.

Nutrition :

Calories 268

Carbones 40,4g

Protéine 4,4g

Lipides 10,8g

Pommes de terre épicées

Recette de base

Temps de préparation : 10 minutes

Temps de cuisson : 20 minutes

Des portions : 6

Ingrédients

1. 1¾ livre des pommes de terre cireuses, pelées et coupées en cubes
2. 1 cuillère à soupe d'huile d'olive
3. ½ cuillère à café de cumin moulu
4. ½ cuillère à café de coriandre moulue
5. ½ cuillère à café de paprika
6. Sel et poivre noir fraîchement moulu, selon les besoins

Itinéraire :

- Dans un grand bol d'eau, ajouter les pommes de terre et réserver pendant environ 30 minutes
- Séchez complètement les pommes de terre et séchez-les avec du papier absorbant.
- Dans un bol, ajoutez les pommes de terre, l'huile et les épices et remuez pour bien les enrober.
- Réglez la température de la friteuse à 355 degrés F. Graissez un panier de friteuse.
- Disposez les morceaux de pommes de terre en une seule couche dans le panier de la friteuse à air.
- Friture à l'air libre pendant environ 20 minutes

- Sortir de la friteuse à l'air libre et transférer les morceaux de pommes de terre sur les assiettes de service.
- Servir chaud.

Nutrition :

Calories 113

Gras 2,5g

Carburants 21g

Protéine 2,3g

Croustilles de chou frisé

Recette de base

Temps de préparation : 5 minutes

Temps de cuisson : 7 minutes

Des portions : 3

Ingrédients :

3 tasses de feuilles de chou frisé, tiges enlevées

1 cuillère à soupe d'huile d'olive

Sel et poivre, selon le goût

Itinéraire :

- Dans un bol, mélangez tous les ingrédients. Mélangez pour enrober les feuilles de chou frisé d'huile, de sel et de poivre.
- Disposez les feuilles de chou frisé sur le support à double couche et insérez-les dans la friteuse à air.
- Fermez la friteuse à air et faites cuire pendant 7 minutes à 3700F.
- Laisser refroidir avant de servir.

Nutrition :

Calories 48

Carburants 1,4g

Protéine 0,7g

Lipides 4,8g

Chou-fleur de buffle grillé

Recette de base
Temps de préparation : 5 minutes
Temps de cuisson : 5 minutes
Des portions : 1
Ingrédients :

- 1 tasse de fleurons de chou-fleur
- Huile de cuisson en spray
- Sel et poivre, selon le goût
- ½ tasse de sauce au bison

Itinéraire

- Placez les fleurons de chou-fleur dans un bol et vaporisez-les d'huile de cuisson. Assaisonnez avec du sel et du poivre.
- Remettez le manteau.
- Placez la poêle à griller dans la friteuse à air et ajoutez les fleurons de chou-fleur.
- Fermez le couvercle et faites cuire pendant 5 minutes à 3900F.
- Une fois cuit, placer dans un bol et verser la sauce de buffle sur le dessus. Mélanger pour enrober.

Nutrition :
Calories 25
Graisse 0,1g
Carburants 5,3g
Protéine 2g

Faux cornichons frits

Recette de base

Temps de préparation : 5 minutes

Temps de cuisson : 5 minutes

Portions : 2

Ingrédients :

1   1 tasse de cornichons en tranches

2   1 œuf, battu

3   ½ tasse de parmesan râpé

4   ½ tasse de farine d'amandes

5   ¼ tasse de couenne de porc, écrasée

6   Sel et poivre, selon le goût

Itinéraire

- Placez les cornichons dans un bol et versez l'œuf battu sur le dessus. Laissez tremper.

- Dans un autre plat ou bol, mélangez le parmesan, la farine d'amandes, les couennes de porc, le sel et le poivre.

- Draguer les cornichons dans le mélange de parmesan et les placer sur la grille à double couche.

- Placez la grille avec les cornichons à l'intérieur de la friteuse à air.

- Fermez le couvercle et faites cuire pendant 5 minutes à 3900F.

Nutrition :

Calories 664

Carburants 17,9g

Protéines 42g

Lipides 49,9g

Les plus beaux haricots verts

Recette de base

Temps de préparation : 5 minutes

Temps de cuisson : 5 minutes

Portions : 2

Ingrédients :

1. 1 tasse de haricots verts, parés
2. ½ cuillère à café d'huile
3. Sel et poivre, selon le goût

Itinéraire

- Placez les haricots verts dans un bol et ajoutez l'huile, le sel et le poivre.

- Remuer pour enrober les haricots.

- Placez la poêle à griller dans la friteuse à air et ajoutez les haricots verts en une seule couche.

- Fermez le couvercle et faites cuire pendant 5 minutes à 3900F.

Nutrition

Calories 54

Gras 2,5g

Carburants 7,7g

Protéine 2g

Maïs grillé d'été

Recette de base

Temps de préparation : 5 minutes

Temps de cuisson : 10 minutes

Portions : 2

Ingrédients :

1. les épis de maïs coupés en deux dans le sens de la largeur
2. ½ cuillère à café d'huile
3. Sel et poivre, selon le goût

Itinéraire :

- Badigeonnez les épis de maïs avec de l'huile et assaisonnez-les avec du sel et du poivre.
- Placez l'accessoire de la poêle à griller dans la friteuse à air.
- Placez les épis de maïs sur le gril.
- Fermez le couvercle et faites cuire pendant 3 minutes à 3900F.
- Ouvrez la friteuse en plein air et tournez les épis de maïs.
- Faites cuire pendant 3 minutes supplémentaires à la même température.

Nutrition :

Calories 173

Carburants 29g

Protéine 4,5 g

Graisse 4,5g

Cuisson des haricots au fromage

Recette de base

Temps de préparation : 5 minutes

Temps de cuisson : 55 minutes

Des portions : 6

Ingrédients :

1. c. à soupe d'huile d'olive extra vierge
2. ½ c. à thé de poivre noir
3. 1 1/3 tasse de mozzarella grossièrement râpée
4. 1 1/2 cuillère à café d'ail, tranché
5. c. à soupe de concentré de tomates
6. 1 1/3 tasse de haricots secs
7. ½ c. à thé de sel casher

Itinéraire :

- Faites cuire les haricots sous pression avec 4 tasses d'eau à température élevée pendant 25 minutes. Faire sauter les haricots avec de l'huile.

- Ajouter l'ail et faire cuire pendant 1 minute. Ajoutez les haricots, la pâte de tomates, l'eau, une pincée de sel et de poivre.

- Recouvrir de fromage.

- Appuyez sur Broil pendant 7 minutes avec le couvercle de la friteuse. Servir avec du pain grillé ou des chips de nachos

Nutrition :

Calories 761 kcal

Graisse 28 g

Carburants 54 g

Protéines 45 g

Boeuf de Barbacoa

Recette de base

Temps de préparation : 15 minutes

Temps de cuisson : 1 heure et 20 minutes

Des portions : 10

Ingrédients :

1. 2/3 tasse de bière
2. gousses d'ail
3. chipotles à la sauce adobo

4   1 cuillère à café de poivre noir

5   1/4 c. à thé de clous de girofle moulus

6   1 c. à soupe d'huile d'olive

7   Rôti de bœuf de 3 livres, en morceaux de 2 pouces

8   feuilles de laurier

9   1 oignon, haché

10 oz. de piments verts hachés

11 1/4 de tasse de jus de citron vert

12 c. à soupe de vinaigre de cidre de pomme

13 1 c. à soupe de cumin moulu

14 1 c. à soupe d'origan mexicain séché

15 c. à thé de sel

Itinéraire :

- Bière en purée, ail, chipotles, oignon, piments verts, jus de citron vert, vinaigre et assaisonnements.
- Faire sauter le rôti dans l'huile.
- Ajouter les feuilles de laurier et la sauce en purée.
- Cuire à haute pression pendant 60 minutes
- Jetez les feuilles.
- Râper le bœuf et servir avec la sauce.

Nutrition :

Calories 520 kcal

Gras 23g

Carburants 56 g

Protéines 31g

Brisket fumé à l'érable

Recette de base

Temps de préparation : 15 minutes

Temps de cuisson : 1 heure et 20 minutes

Des portions : 4

Ingrédients :

- lb de poitrine de bœuf
- c. à soupe de sucre d'érable
- c. bouillon d'os ou bouillon de choix
- 1 c. à soupe de fumée liquide
- brins de thym frais
- cuil. à café de sel de mer fumé
- 1 cuillère à café de poivre noir
- 1 c. à café de moutarde en poudre
- 1 c. à café de poudre d'oignon
- ½ cuil. à café de paprika fumé

Itinéraire :

1. Enduire la poitrine de boeuf de toutes les épices et du sucre.
2. Faire sauter la poitrine de boeuf dans l'huile pendant 3 minutes
3. Ajoutez le bouillon, la fumée liquide et le thym dans la friteuse Air et couvrez.
4. Cuire à haute pression pendant 50 minutes
5. Enlever la poitrine.

---

6   Sauter la sauce pendant 10 minutes

7   Servez la poitrine de boeuf tranchée avec des légumes
     fouettés et de la sauce.

Nutrition :

Calories 1671 kcal

Gras 43g

Carburants 98 g

Protéines 56g

Sandwichs au fromage de Philadelphie

Recette de base

Temps de préparation : 5 minutes

Temps de cuisson : 30 minutes

Des portions : 8

Ingrédients :

1 Bifteck de haut de surlonge de 3 livres, tranché

2 oignons, en julienne

3 1 boîte de soupe à l'oignon française condensée, non diluée

4 gousses d'ail, hachées

5 1 paquet de vinaigrette italienne

6 c. à thé de base de bœuf

7 1/2 c. à café de poivre

8   gros poivrons rouges, en julienne

9   1/2 tasse de rondelles de poivrons marinés

10 Petits pains, divisés

11 tranches de fromage provolone

Itinéraire :

- Mélangez les 7 premiers ingrédients dans la cocotte-minute. Ajustez à la cuisson sous pression sur High pendant 10 minutes. Ajouter les poivrons et les rondelles de poivrons. Cuisson sous pression à température élevée pendant 5 minutes

- Mettez du bœuf, du fromage et des légumes sur le fond des petits pains. Faire griller 1 à 2 minutes et servir.

Nutrition :

Calories 4852 kcal

Gras 67g

Carburants 360 g

Protéines 86g

Rôti de poterie et pommes de terre

Recette de base

Temps de préparation : 15 minutes

Temps de cuisson : 1 heure et 15 minutes

Des portions : 8

Ingrédients :

1. c. à soupe de farine tout usage
2. 1 c. à soupe de sel casher
3. lb de rôti de palette
4. 1 c. à soupe de poivre noir
5. c. bouillon de bœuf à faible teneur en sodium
6. 1/2 c. de vin rouge
7. 1 livre de pommes de terre grelots, coupées en deux
8. 1 c. à soupe de sauce Worcestershire
9. carottes, coupées en tranches
10. 1 oignon, haché
11. 1 c. à soupe d'huile d'olive extra vierge
12. gousses d'ail, hachées
13. 1 c. à café de thym haché
14. c. à thé de romarin, haché
15. c. à soupe de concentré de tomates

Itinéraire :

- Enduire le rôti de paleron de poivre et de sel.
- Faire sauter le bœuf pendant 5 minutes de chaque côté puis réserver.

- Faire cuire l'oignon pendant 5 minutes
- Ajoutez les herbes, l'ail et la pâte de tomates et faites cuire pendant 1 minute.
- Ajouter quatre et du vin et faire cuire pendant 2 minutes
- Ajoutez la sauce Worcestershire, le bouillon, les carottes, les pommes de terre, le sel et le poivre.
- Mettre du bœuf sur le mélange
- Cuisiner à haute pression pendant une heure et servir.

Nutrition :

Calories 3274 kcal

Lipides 42 g

Carburants 286 g

Protéines 78 g

Poulet au beurre

Recette intermédiaire

Temps de préparation : 10 minutes

Temps de cuisson : 1 heure et 10 minutes

Des portions : 6

Ingrédients :

1   1 c. à soupe d'huile végétale

2   1 c. à soupe de beurre

3   1 oignon, coupé en dés

4   c. à thé de gingembre râpé

5   1 c. à thé de cumin moulu

6   1/2 c. à thé de curcuma

7   1/ 2 c. à café de sel casher

8   ½ c. à thé de poivre noir

9   3/4 c. de crème épaisse

10 gousses d'ail, hachées

11 oz. de pâte de tomate

12 lb de cuisses de poulet désossées, en morceaux de 1 po

13 1 c. à soupe de garam masala

14 1 c. à thé de paprika

15 1 cuillère à soupe de sucre

Itinéraire :

- Faire revenir l'oignon, le gingembre et l'ail dans l'huile et le beurre
- Ajouter la pâte de tomate et faire cuire pendant 3 minutes
- Ajoutez ½ tasse d'eau, de poulet et d'épices à la marmite.
- Cuisson sous pression à température élevée pendant 5 minutes
- Ajouter de la crème épaisse.
- Servir avec du riz, du naan, du yaourt et de la coriandre.

Nutrition :

Calories 3841

Graisse 100g

Carburants 244g

Protéines 150g

Roulés aux boulettes de viande et au poulet au curry

Recette de base

Temps de préparation : 5 minutes

Temps de cuisson : 15 minutes

Des portions : 12

Ingrédients :

1. 1 œuf, battu
2. 1 oignon, haché
3. 1/2 tasse de Rice Krispies
4. 1/4 de tasse de raisins secs dorés
5. 1/4 de tasse de coriandre hachée
6. c. à thé de curry en poudre
7. 1/2 c. à café de sel
8. Feuilles de laitue Boston
9. 1 carotte, déchiquetée
10. 1/2 tasse d'arachides salées hachées
11. Poulet haché maigre d'un kilo
12. c. à soupe d'huile d'olive
13. 1 tasse de yaourt nature

Itinéraire :

- Mélangez les 7 premiers ingrédients.
- Façonner le mélange en 24 boules.
- Faire sauter les boulettes de viande à feu moyen avec de l'huile

- Ajoutez de l'eau dans le pot.
- Mettez les boulettes de viande sur le trépied dans la cocotte-minute.
- Cuisson sous pression à haute température pendant 7 minutes
- Mélanger le yaourt et la coriandre.
- Placez 2 cuillères à café de sauce ct 1 boulette de viande dans chaque feuille de laitue ; garnissez avec les autres ingrédients et servez.

Nutrition :

Calories 2525

Graisse 80g

Carburants 225g

Protéines 120g

Poulet à l'os

Recette intermédiaire

Temps de préparation : 10 minutes

Temps de cuisson : 1 heure et 10 minutes

Des portions : 4

Ingrédients :

1. 1 cuillère à soupe de cassonade tassée
2. 1 cuillère à soupe de poudre de chili
3. 1 c. à soupe de paprika fumé
4. 1 c. à café de feuilles de thym hachées
5. ¼ c. à soupe de sel casher
6. ¼ c. à soupe de poivre noir
7. 1 petit poulet entier
8. 1 c. à soupe d'huile d'olive extra vierge
9. 2/3 c. de bouillon de poulet à faible teneur en sodium
10. c. à soupe de persil haché

Itinéraire :

- Enduire le poulet de sucre brun, de poudre de chili, de sucre, de poivre, de paprika et de thym.
- Faire sauter le poulet dans l'huile pendant 3-4 minutes
- Versez le bouillon dans la marmite.
- Cuisson sous pression à température élevée pendant 25 minutes
- Garnir les tranches de poulet avec du persil et servir.

Nutrition :

Calories 1212

Gras 10g

Carburants 31g

Protéines 15g

Chili au poulet blanc

Recette de base

Temps de préparation : 5 minutes

Temps de cuisson : 30 minutes

Des portions : 6

Ingrédients :

1   1 c. à soupe d'huile végétale
2   1 poivron rouge, coupé en dés
    a. oz. de crème de poulet condensée
3   c. à soupe de cheddar râpé
4   oignons verts, tranchés
5   1 tasse Maïs en grains
6   1 cuillère à soupe de poudre de chili

7   oz. (2) poitrine de poulet désossée et sans peau

8   oz. de haricots blancs cannellini

9   1 tasse de salsa en morceaux

Itinéraire :

- Faire sauter le poivre, le maïs et le piment en poudre dans l'huile pendant 2 minutes
- Assaisonnez le poulet avec du sel et du poivre.
- Étendez les haricots, la salsa, l'eau, le poulet et la soupe sur le mélange de maïs.
- Cuisson sous pression à température élevée pendant 4 minutes
- Déchiquetez le poulet et remettez-le dans la marmite.
- Servez-les garnis de fromage et d'oignons verts.

Nutrition :

Calories 1848

Graisse 70g

Carburants 204g

Protéines 90g

Bols de riz au curry de noix de coco et aux légumes

Recette de base

Temps de préparation : 5 minutes

Temps de cuisson : 40 minutes

Des portions : 6

Ingrédients :

1. 2/3 tasse de riz brun non cuit
2. 1 c. à café de curry en poudre
3. 3/4 c. à thé de sel divisé
4. 1 tasse d'oignon vert haché
5. 1 tasse de poivron rouge tranché
6. 1 c. à soupe de gingembre râpé
7. 1 1/2 c. à soupe de sucre
8. 1 tasse de carottes en allumettes
9. 1 tasse de chou rouge haché
10. oz. de châtaignes d'eau tranchées
11. oz. de pois chiches sans sel ajouté
12. oz. de lait de coco

Itinéraire :

- Ajoutez le riz, l'eau, le curry et 1/4 de cuillère à café de sel dans la friteuse Air. Cuire sous pression pendant 15 minutes. Faire sauter pendant 2 minutes et servir.

Nutrition :

Calories 1530

Graisse 110g

Carburants 250g

Protéines 80g

Rouleau d'œuf dans un bol

Recette de base

Temps de préparation : 5 minutes

Temps de cuisson : 20 minutes

Des portions : 4

Ingrédients :

1. 1/3 de tasse de sauce soja à faible teneur en sodium
2. c. à soupe d'huile de sésame
3. 1 tasse de carottes coupées en allumettes
4. 1 botte d'oignons verts, coupés en rondelles
5. sachets de salade de chou
6. 1 livre de poulet haché
7. c. à soupe de graines de sésame
8. gousses d'ail, hachées
9. oz. de champignons shiitake, tranchés
10. 1 1/2 tasse de bouillon de poulet

Itinéraire :

- Ajoutez l'huile de sésame, le poulet haché, la sauce de soja, l'ail, le bouillon de poulet et les champignons à la friteuse Air.
- Cuire pendant 2 minutes à haute pression.
- Ajoutez le mélange de salade de chou et les carottes.
- Laisser reposer pendant 5 minutes
- Servir avec des graines de sésame et des oignons verts.

Nutrition :

Calories 3451

Gras 130g

Carbones 301g

Protéines 150g

Frittata Provençale

Recette de base

Temps de préparation : 5 minutes

Temps de cuisson : 45 minutes

Des portions : 6

Ingrédients :

1   œufs

2   1 c. à café de thym haché

3   1 cuillère à café de sauce au piment fort

4   1/2 c. à café de sel

5   1/4 c. à café de poivre

6   oz. de fromage de chèvre, divisé

7   1/2 tasse de tomates séchées au soleil hachées

8   1 c. à soupe d'huile d'olive

9   1 pomme de terre, pelée et coupée en tranches

10   1 oignon, coupé en tranches

11   1/2 cuil. à café de paprika fumé

Itinéraire :

- Faire sauter la pomme de terre, le paprika et l'oignon dans l'huile pendant 5 à 7 minutes

- Transférer le mélange de pommes de terre dans un plat de cuisson graissé.

- Verser les 6 premiers ingrédients sur le mélange de pommes de terre.

- Couvrir le plat de cuisson avec du papier d'aluminium.

- Ajoutez de l'eau et un trépied dans la marmite.

- Utilisez une écharpe en aluminium pour faire descendre le plat sur le dessous de plat.

- Ajustez la cuisson à haute pression pendant 35 minutes et servez.

Nutrition :

Calories 2554

Graisse 70g

Carburants 190g

Protéines 80g

Oeufs de Ramekine

Recette de base

Temps de préparation : 2 minutes

Temps de cuisson : 3 minutes

Portions : 2

Ingrédients :

1   1 c. à soupe de ghee, plus pour le graissage
2   tasses de champignons, hachés
3   ¼ c. à thé de sel
4   1 c. à soupe de ciboulette, hachée
5   œufs
6   c. à soupe de crème épaisse

Itinéraire :

- Faites sauter les champignons avec du ghee et du sel jusqu'à ce qu'ils soient tendres.
- Mettre les champignons dans des ramequins graissés.
- Ajouter la ciboulette, l'œuf et la crème.
- Ajoutez de l'eau, des dessous de plat et des ramequins à la casserole.
- Cuisson sous pression à feu doux pendant 1 à 2 minutes
- Servir avec du pain fraîchement grillé.

Nutrition :

Calories 703

Gras 5g

Carburants 20g

Protéines 7g

Jambon de Pâques

Recette de base

Temps de préparation : 5 minutes

Temps de cuisson : 15 minutes

Des portions : 8

Ingrédients :

1. 1/2 c. de marmelade d'orange
2. ¼ c. à café de poivre noir
3. 1 (4-6 lb) jambon entièrement cuit, en spirale, avec os
4. 1/4 c. de sucre brun
5. 1/4 c. de jus d'orange
6. cuillère à soupe de moutarde de Dijon

Itinéraire :

- Mélangez la marmelade, la cassonade, le jus d'orange, le Dijon et le poivre noir.
- Enduire le jambon de glaçage.
- Cuire sur la viande pendant 15 minutes
- Servez le jambon avec un peu plus de glaçage de la marmite.

Nutrition :

Calories 3877

Graisse 80g

Carburants 207g

Protéines 100g

Côtelettes d'agneau coréennes

Recette intermédiaire

Temps de préparation : 10 minutes

Temps de cuisson : 50 minutes

Des portions : 6

Ingrédients :

1. lbs. Côtelettes d'agneau
2. 1/2 cuillère à café de poivre rouge en poudre
3. c. à soupe de sucre cristallisé
4. 1 c. à soupe de curry en poudre
5. 1/2 c. à soupe de sauce soja
6. c. à soupe de vin de riz
7. c. à soupe d'ail, haché
8. 1 cuillère à café de gingembre, haché
9. feuilles de laurier
10. 1 tasse de carottes, coupées en dés
11. tasses d'oignons, coupés en dés
12. 1 tasse de céleri, coupé en dés
13. c. à soupe de pâte de piment rouge coréen
14. c. à soupe de ketchup

15 c. à soupe de sirop de maïs

16 1/2 c. à soupe d'huile de sésame

17 1/2 c. à thé de cannelle en poudre

18 1 c. à café de graines de sésame

19 1 cuillère à café de poivre noir

20 1/3 tasse de poire asiatique moulue

21 1/3 de tasse de poudre d'oignon

22 1/2 c. à soupe d'extrait de prune verte

23 1 tasse de vin rouge

Itinéraire :

- Mettez tous les ingrédients, sauf la coriandre et les oignons verts, dans la friteuse Air.

- Cuisson sous pression pendant 20 minutes

- Faire sauter jusqu'à ce que la sauce soit épaisse.

- Ajouter l'eau et l'agneau sur le dessous de plat à la casserole.

- Faire griller à 400°F pendant 5 minutes

- Servir avec de la coriandre hachée et des oignons verts.

Nutrition :

Calories 2728

Graisse 220g

Carburants 551g

Protéines 250g

Brochettes de poulet à la friteuse

Recette de base

Temps de préparation : 15 minutes

Temps de cuisson : 15 minutes

Portions : 2

Ingrédients :

1 Poitrines de poulet, hachées

2 Champignons coupés en deux

3 ⅓ Coupe de miel

4 ⅓ Tasse de sauce soja -

5 1 cuillère à café de Poivre, écrasé

6 1 cuillère à café de graines de sésame

7   Les poivrons, de différentes couleurs

8   Huile de cuisson en spray selon les besoins

Itinéraire :

- Coupez les blancs de poulet en petits cubes, lavez-les et séchez-les en les tapotant. Frottez un peu de poivre et de sel sur le poulet. Arrosez-le d'un peu d'huile. Dans un petit bol, mélangez bien le miel et la sauce soja.

- Ajouter les graines de sésame dans le mélange. Enfiler le poulet, les poivrons et les champignons sur les brochettes.

- Réglez la friteuse à 170 degrés Celsius et préchauffez-la.

- Arrosez les brochettes avec le mélange de miel et de sauce soja.

- Mettez toutes les brochettes de poulet dans le panier de la friteuse à air et faites-les cuire pendant 20 minutes

- Faites tourner la brochette par intermittence entre les deux.

- Servir chaud.

Nutrition :

Calories 392

Gras 5g

Carburants 65,4g

Protéine 6,7g

Riz frit au poulet dans une friteuse

Recette de base

Temps de préparation : 20 minutes

Temps de cuisson : 20 minutes

Des portions : 4

Ingrédients :

1. tasses de riz blanc froid cuit
2. 1 tasse de poulet cuit et coupé en dés
3. 1 tasse de carottes et de pois, surgelés
4. 1 cuillère à soupe d'huile végétale
5. 1 cuillère à soupe de sauce soja
6. ½ tasse d'oignon
7. ¼ cuillère à café de sel

Itinéraire :

- Dans un grand bol, mettez le riz froid cuit.
- Ajoutez la sauce soja et l'huile végétale en remuant.
- Ajoutez maintenant les carottes et les petits pois surgelés, le poulet en dés, l'oignon en dés, le sel et mélangez.
- Transférer le mélange de riz dans le mélange.
- Prenez une poêle antiadhésive que vous pouvez placer confortablement dans la friteuse à air et transférez le mélange de riz complet dans la poêle.
- Placez la poêle dans la friteuse à air.

- Régler la température à 180 degrés Celsius et une minuterie de 20 minutes
- Retirez la casserole une fois le temps imparti écoulé.
- Servir chaud.

Nutrition :

Calories 618

Graisse 5,5g

Carbones 116,5g

Protéine 21,5g

Tikkas au poulet frit à l'air

Recette de base

Temps de préparation : 10 minutes

Temps de cuisson : 15 minutes

Des portions : 4

Ingrédients :

Pour la marinade :

1   1¼ livres de poulet, os coupés en petites bouchées

2   ¼ tomates cerises en livre

3   1 tasse de yaourt

4   1 cuillère à soupe de pâte d'ail au gingembre (frais)

5   poivrons, taille de coupe de 1

6   cuillères à soupe de poudre de chili

7   cuillères à soupe de cumin en poudre

8   1 cuillère à soupe de poudre de curcuma

9   cuillères à soupe de coriandre en poudre

10   1 cuillère à café de poudre de garam masala

11   cuillères à café d'huile d'olive

12   Sel : au goût

Pour la garniture :

- 1 citron, coupé en deux

- ⅓ tasse Coriandre, fraîche, hachée

- 1 oignon moyen, bien tranché

- Feuilles de menthe, fraîches : peu

1. **Itinéraire :**
2. Dans un grand bol, mélangez tous les ingrédients de la marinade et enduisez-en bien les morceaux de poulet.
3. Couvrez le bol et réservez pendant 2 heures minimum. Si vous pouvez le réfrigérer pendant la nuit, il peut donner un meilleur effet de marinade.
4. Enfiler le poulet dans les brochettes en alternant avec les poivrons et les tomates.
5. Préchauffez votre friteuse à 200 degrés Celsius.
6. Étalez une doublure en aluminium sur le panier de la friteuse à air et disposez les brochettes dessus.
7. Réglez la minuterie sur 15 minutes et faites-le griller.
8. Tournez la brochette par intermittence pour obtenir un gril uniforme.
9. Une fois que c'est fait, mettez dans une assiette et garnissez avec les ingrédients donnés avant de servir.

Nutrition :

Calories 400

Gras 20g

Carburants 17,4g

Protéine 46,9g

Le poulet chaud de Nashville dans une friteuse

Recette de base

Temps de préparation : 10 minutes

Temps de cuisson : 27 minutes

Des portions : 4

Ingrédients :

- livre de poulet avec os, 8 pièces
- cuillères à soupe d'huile végétale
- tasses de farine tout usage
- 1 tasse de babeurre
- cuillères à soupe de paprika
- 1 cuillère à café de poudre d'oignon
- 1 cuillère à café de poudre d'ail
- 1 cuillère à café de poivre noir moulu
- cuillères à café de sel

Pour la sauce piquante :

1. 1 cuillère à soupe de poivre de Cayenne
2. ¼ tasse d'huile végétale
3. 1 cuillère à café de sel
4. tranches de pain blanc
5. Cornichon à l'aneth, selon les besoins

Itinéraire :

- Nettoyez et lavez soigneusement le poulet, asséchez-le en le tapotant et gardez-le prêt.
- Dans un bol, fouettez le babeurre et les œufs.
- Dans un bol, mélanger la poudre d'ail, le poivre noir, le paprika, la poudre d'oignon, la farine tout usage et le sel.
- Maintenant, trempez le poulet dans l'œuf et le babeurre et mettez-le dans le deuxième bol de marinade et remuez pour obtenir un enrobage uniforme. Il est possible que vous deviez répéter le processus deux fois pour obtenir une meilleure couche.
- Après cela, vaporisez un peu d'huile végétale et mettez-la de côté.
- Avant de faire cuire le poulet, préchauffez la friteuse à 190 degrés Celsius.
- Badigeonnez le panier à frites d'huile végétale avant de commencer la cuisson.
- Placez maintenant le poulet enrobé dans la friteuse à 190 degrés Celsius et réglez la minuterie sur 20 minutes. N'encombrez pas la friteuse. Il est préférable que vous puissiez faire la friture en deux fois.
- Continuez à retourner le poulet par intermittence pour le faire frire.
- Une fois la durée programmée écoulée, déposez le poulet dans une assiette et gardez-le-y sans le couvrir.

- Commencez maintenant le deuxième lot. Procédez de la même manière.
- Après 20 minutes, réduisez la température à 170 degrés Celsius et placez le premier lot de poulet sur le deuxième lot, qui se trouve déjà dans le panier à friture à l'air.
- Faites-le frire encore une fois pendant 7 minutes
- Pendant que le poulet est frit à l'air libre, préparez la sauce piquante.
- Dans un bol, mélangez bien le sel et le poivre de Cayenne.
- Dans une petite casserole, faites chauffer un peu d'huile végétale.
- Lorsque l'huile devient chaude, ajoutez le mélange d'épices et continuez à remuer pour obtenir une texture lisse.
- Au moment de servir, placez le poulet sur le pain blanc et étalez la sauce piquante sur le poulet.
- Utilisez un cornichon à l'aneth pour le compléter.
- Servir chaud.

Nutrition :

Calories 1013

Lipides 22,2g

Carburants 53,9g

Protéines 140,7 g

Air Fryer Panko Poulet pané au parmesan

Recette de base

Temps de préparation : 10 minutes

Temps de cuisson : 20 minutes

Des portions : 4

Ingrédients :

1. onces de poitrines de poulet, sans peau
2. 1 tasse de chapelure de pain panko
3. ⅛ tasse de blancs d'œufs
4. ½ tasse de parmesan, râpé
5. ½ tasse de fromage mozzarella, râpé
6. ¾ tasse de sauce marinara
7. ½ cuillère à café de sel
8. 1 cuillère à café de poivre moulu
9. cuillères à café d'assaisonnement italien
10. Spray de cuisson, selon les besoins

Itinéraire :

- Coupez chaque poitrine de poulet en deux pour obtenir 4 morceaux de poitrine. Laver et sécher en tapotant.
- Placez le poulet dans une planche à découper et pilonnez-le pour l'aplatir.
- Arrose le panier de la friteuse à air d'huile de cuisson.
- Réglez la température de la friteuse à 200 degrés Celsius et préchauffez-la.

- Dans un grand bol, mélangez le fromage, la chapelure de panko et les ingrédients d'assaisonnement.
- Mettez le blanc d'œuf dans un grand bol.
- Trempez le poulet pilé dans les blancs d'œufs et trempez-le dans le mélange de chapelure.
- Placez maintenant le poulet enrobé dans le panier de la friteuse à air et vaporisez un peu d'huile de cuisson.
- Commencez à faire cuire les blancs de poulet pendant 7 minutes
- Habillez les poitrines de poulet avec de la mozzarella râpée et une sauce marinara.
- Poursuivez la cuisson pendant 3 minutes et retirez pour servir lorsque le fromage commence à fondre.

Nutrition :

Calories 347

Gras 15g

Carburants 7,4g

Protéines 37g

Plan de repas de 30 jours

Journée	Petit déjeuner	Déjeuner/dîner	Dessert
1	Poêle à crevettes	Rouleaux aux épinards	Gâteau à la crêpe Matcha
2	Yogourt à la noix de coco avec des graines de chia	Les pliages de fromage de chèvre	Mini-tartes au potiron et aux épices
3	Le pudding de Chia	Tarte aux crêpes	Barres aux noix
4	Bombes à graisse d'œuf	Soupe à la noix de coco	Gâteau de livre
5	Les "Grits" du matin	Tacos de poisson	Recette de tortillas à la cannelle
6	Oeufs écossais	Salade Cobb	Yogourt granola aux baies
7	Sandwich au bacon	Soupe au fromage	Sorbet aux baies
8	Noatmeal	Tartare de thon	Smoothie à la

			noix de coco et aux baies de coco
9	Petit-déjeuner au four avec de la viande	Chaudrée de palourdes	Smoothie à la banane et au lait de coco
10	Petit déjeuner Bagel	Salade asiatique de bœuf	Smoothie mangue-ananas
11	Hachis d'oeufs et de légumes	Keto Carbonara	Smoothie vert framboise
12	Poêle à cowboy	Soupe de chou-fleur aux graines	Smoothie aux baies chargées
13	Feta Quiche	Asperges enrobées de prosciutto	Smoothie à la papaye et à la banane et au chou frisé
14	Crêpes au bacon	Poivrons farcis	Smoothie à l'orange verte
15	Gaufres	Aubergines farcies au fromage de chèvre	Smoothie aux doubles baies

16	Chocolate Shake	Curry de Korma	Barres protéinées énergisantes
17	Oeufs en chapeau champignon Portobello	Bars à courgettes	Brownies sucrés et salés
18	Bombes à graisse Matcha	Soupe aux champignons	Keto Macho Nachos
19	Keto Smoothie Bowl	Champignons portobello farcis	Gelato au beurre de cacahuète et à la banane avec de la menthe
20	Omelette au saumon	Salade de laitue	Cannelle, pêches et yaourt
21	Hash Brown	Soupe à l'oignon	Popsicles au miel et à la menthe
22	La casserole de Black's Bangin	Salade d'asperges	Smoothie à l'orange et aux pêches
23	Coupes de bacon	Taboulé au chou-fleur	Smoothie à la noix de coco et

			aux pommes épicées
24	Oeufs aux épinards et fromage	Bœuf Salpicao	Smoothie sucré et salé
25	Remballages de tacos	Artichaut farci	Smoothie au gingembre et aux baies
26	Café Donuts	Rouleaux aux épinards	Smoothie végétarien
27	Omelette aux oeufs	Les pliages de fromage de chèvre	Smoothie au chocolat et aux noix
28	Ranch Risotto	Tarte aux crêpes	Smoothie Coco Fraise
29	Oeufs écossais	Soupe à la noix de coco	Smoothie aux oeufs et aux épinards
30	Oeufs frits	Tacos de poisson	Dessert crémeux Smoothie

Conclusion

Merci d'être arrivé à la fin de ce livre. Une friteuse à air est un ajout relativement récent à la cuisine, et il est facile de voir pourquoi les gens sont enthousiastes à l'idée de l'utiliser. Avec une friteuse, vous pouvez faire des frites croustillantes, des ailes de poulet, des poitrines de poulet et des steaks en quelques minutes. Il existe de nombreux aliments délicieux que vous pouvez préparer sans ajouter d'huile ou de graisse à votre repas. Là encore, veillez à lire les instructions de votre friteuse et à suivre les règles d'utilisation et d'entretien. Une fois que votre friteuse est en bon état de marche, vous pouvez vraiment faire preuve de créativité et commencer à expérimenter votre façon de préparer des aliments sains et savoureux.

C'est tout ! Merci !

Lightning Source UK Ltd.
Milton Keynes UK
UKHW020717220321
380773UK00013B/1075